AF440381

LA VÉRITÉ,

EN RÉPONSE AUX CALOMNIES

RÉPANDUES

DANS UN ÉCRIT INTITULÉ :

Essai sur la vie et les ouvrages de Bernardin de Saint-Pierre,
par L. AIMÉ-MARTIN.

INTERPRÉTATION NÉCESSAIRE
DEVANT FAIRE SUITE A CET ESSAI.

DE L'IMPRIMERIE DE DIDOT LE JEUNE.

LA VÉRITÉ,

EN RÉPONSE AUX CALOMNIES

RÉPANDUES

DANS UN ÉCRIT INTITULÉ :

Essai sur la vie et les ouvrages de Bernardin de Saint-Pierre, par L. Aimé-Martin.

PRIX : 1 FRANC 25 CENT.,

et 75 centimes seulement pour les souscripteurs aux OEuvres de Bernardin de Saint-Pierre.

PARIS,

CHEZ LELONG, LIBRAIRE, AU PALAIS-ROYAL,

GALERIES DE BOIS, N° 133.

ET PÉLICIER, LIBRAIRE, 1ʳᵉ COUR DU MÊME PALAIS.

M. DCCC. XXI.

LA VÉRITÉ,

EN RÉPONSE AUX CALOMNIES

RÉPANDUES

DANS UN ÉCRIT INTITULÉ :

Essai sur la vie et les ouvrages de Bernardin de Saint-Pierre,
par L. Aimé-Martin.

———

La famille Pierre-François Didot jeune ne s'occupera pas de juger du mérite littéraire de cette production. Elle s'abstiendra d'examiner si l'auteur, qui a voulu honorer la mémoire de Bernardin de Saint-Pierre, a bien réellement atteint son but ; si, dans la relation des faits, l'historien n'a pas le plus souvent cédé la place au romancier ; si la réputation de M. de Saint-Pierre n'a pas plus perdu que gagné aux fictions de son biographe ; si notamment M. Aimé-Martin, jaloux d'obtenir des effets dramatiques, n'a pas trop libéralement gratifié l'âge mûr de son héros des puériles rêveries de l'écolier, au point de lui faire jouer plus d'une fois le rôle d'un don Qui-

chotte politique, ou d'un aventurier ridicule : résultat
bien contraire assurément aux intentions de l'auteur ; et,
ce qui est certain aussi, résultat qu'il est fort éloigné de
soupçonner, grâce aux illusions qui semblent l'avoir
aveuglé sur les sacrifices que lui demandaient les convenances.

Quoi qu'il en soit de cet Essai, et malgré cet Essai
peut-être, Bernardin de Saint-Pierre conservera parmi
les écrivains célèbres le rang qui lui est assigné par
l'opinion publique ; et la famille Didot, qui a bien
aussi quelque droit de s'intéresser à sa gloire, est ras-
surée sur ce point. Ce qui importe à cette famille,
c'est de demander compte à M. Aimé-Martin des diffamations qu'il s'est permises, contre elle dans le même
ouvrage où il aurait dû se les interdire, non-seule-
ment parce que ce sont des diffamations, mais parce que
l'honneur même de M. de Saint-Pierre lui en faisait un
devoir.

La manière dont l'auteur de l'Essai a cru devoir parler
de la première publication des *Études de la nature* *
pourrait donner lieu à plus d'une observation. Il conve-
nait apparemment au plan de M. Aimé-Martin que Bernardin de Saint-Pierre parût le moins possible avoir
quelque obligation à la famille Didot jeune ; et alors on
devine sans peine pourquoi la dette de la reconnaissance
est acquittée exclusivement au profit du prote. M. Bailly
était sans doute un homme de mérite et un bon juge.
C'était de plus un honnête homme, attaché à la famille

* *Voyez* page 187.

Didot par tous les liens de la confiance et de l'amitié. Son opinion *, conséquemment, ne devait pas être sans importance pour le chef de cette famille, très-bon juge lui-même, et sachant choisir les hommes qui pouvaient seconder ses utiles opérations et ses grandes vues pour le perfectionnement de son art. Mais, avant d'être assuré que cette opinion n'était pas une erreur, il fallait à ses risques et périls révéler au public un mérite inconnu ; il fallait se charger du service le plus signalé qui puisse être rendu à l'écrivain dont la réputation est à faire : il fallait enfin, si l'on veut, hasarder les frais d'une spéculation, mais d'une spéculation dont l'issue n'était garantie par aucun antécédent. M. Aimé-Martin ne va pas, il est vrai, jusqu'à mettre ces avances sur le compte de M. Bailly : mais il s'abstient de prononcer le nom de Didot, croyant peut-être qu'en pareil cas dissimuler les obligations, c'est les faire oublier.

* Il est un fait bien connu dans la famille Didot, c'est que ce ne fut pas le prote, mais bien un des fils, M. A. Didot, très-jeune encore, et attaché alors à l'imprimerie de son père, qui lut le premier le manuscrit des *Études*. Ce jeune homme en parla avec intérêt à M. Bailly, qui se détermina à le lire lui-même ; et, d'après le rapport que ce dernier en fit au chef de la famille, l'impression de l'ouvrage fut décidée.

Cette particularité, assez peu importante en elle-même, l'a été beaucoup pour Bernardin de Saint-Pierre, qui, dans un âge déjà avancé à cette époque, ignoré et dénué de ressources, découragé par les refus de tous les libraires auxquels il s'était adressé jusqu'alors, doit peut-être à l'engouement d'un jeune homme de n'avoir pas achevé sa vie dans une pénible obscurité. Le monde littéraire eût sans doute perdu quelques jouissances : la famille Didot n'eût pas fourni de thèmes aux calomnies de M. Aimé-Martin. Mais M. Aimé-Martin eût trouvé peut-être un moyen plus honorable de se faire remarquer.

M. de Saint-Pierre lui-même n'avait pas adopté ces principes de morale commode à l'époque des premières éditions de ses œuvres. Le souvenir des services qu'il avait reçus de Pierre-François Didot jeune, encore fraîchement empreint dans sa mémoire, se reproduisait dans ses écrits avec un sentiment de gratitude honorable pour tous les deux. Alors tout était noble, désintéressé, généreux dans la conduite de M. Didot à son égard ; et la vivacité de sa reconnaissance lui faisait relever jusqu'à la complaisance qu'avait eue son imprimeur de faire graver exprès des caractères neufs pour une édition de ses ouvrages *.

---

* On aurait, s'il en était besoin, plus d'une preuve à donner des soins désintéressés du chef de la famille Didot pour faciliter à Bernardin de Saint-Pierre la publication de ses ouvrages, et l'aider ainsi à consolider sa réputation littéraire. On se bornera à transcrire une lettre du prote même, qu'a désigné M. Aimé-Martin, tout en regrettant que cette lettre tende à prouver quelque chose de plus que l'obligeance de M. Didot, et qu'il faille y reconnaître un étrange procédé de l'auteur des *Études* envers son imprimeur, qui alors était aussi son beau-père.

« Paris, le 7 ventôse an 3.

« CITOYEN,

« CE n'est ni la faute du citoyen Didot-Autran, ni la mienne, si « votre édition n'est pas plus avancée ; c'est tout bonnement celle de « votre absence, ou, puisqu'il faut le répéter, de la faculté que vous « m'avez ôtée de vous adresser les épreuves par les voitures publiques « au fur et à mesure qu'elles se présentent ; ce qui est cause qu'au lieu « d'entretenir deux presses sur votre ouvrage, comme je l'aurais fait « sans la moindre difficulté, j'ai souvent peine à fournir du tirage à « une seule, quand elle en a besoin. Je crois vous avoir dit cela, ou « quelque chose approchant, lors de votre dernier voyage à Paris.

Ces faits, au surplus, sont sans intérêt pour le public ; et ce n'est point à ce sujet que la famille Didot tient à honneur de le détromper.

« Il y a encore une autre raison, trop vraie malheureusement, de la « lenteur dont vous vous plaignez ; et la voici : la composition de votre « livre est la plus mal payée de toutes celles qui se font aujourd'hui à « la maison. En faisant le prix de votre nouvelle édition, il y a cinq « mois environ, j'ai stipulé vos intérêts avec chaleur, et l'ouvrier a « consenti à faire la besogne à 16 livres la feuille. Eh bien, *le Rousseau*, « commencé il y a cinq décades, est payé 21 livres, et aucun ouvrier « de la maison n'a voulu s'en charger à moins. Qu'arrive-t-il de là ? « c'est que deux ouvrages des mêmes format et caractères (*les Études* « sont même plus chargées de notes que *le Rousseau*) étant payés à « des taux si différens, le vôtre est maintenant comme la fille du « vilain, de qui personne ne se soucie. Bien plus, je vous avoue que, « si le bon père Vielle, qui a le vôtre entre les mains, refusait aujour- « d'hui ou demain de le continuer au même prix avec l'aide des deux « jeunes gens qu'il dirige, je suis très-certain que qui que ce soit ne « voudrait l'achever. Il s'est présenté plusieurs fois des ouvriers que « je n'ai pas acceptés, parce qu'il ne reste pas un petit coin dans la « maison pour les placer. D'ailleurs, si j'avais pu agréer leurs services, « je me serais bien gardé de leur proposer de travailler à votre ou- « vrage ; ils l'auraient refusé à coup sûr, et cela aurait donné l'éveil « au citoyen Vielle, qui, après cela, n'aurait pas même pu le conti- « nuer à cause de ses confrères. Voilà malheureusement comme cela « se mène dans les ateliers : dès qu'un ouvrier a refusé de faire une « besogne pour tel prix, tout autre qui s'en chargerait serait bafoué, « banni, maltraité même quelquefois de la part de ses camarades.

« Je serais bien fâché, et pour vous seul, je le proteste dans toute « la sincérité de mon âme (car l'amour de l'argent ne fut jamais la « passion dominante de la maison Didot jeune), je serais bien fâché, « dis-je, que vous portassiez ailleurs les impressions que vous faites « faire dans cette maison, surtout celles que nous commençons avec « toute l'élégance et la correction que je désire depuis long-temps à « vos ouvrages, et auxquelles je me faisais un vrai plaisir de coopérer « de mon mieux. Soyez bien sûr que le nom fait beaucoup à la chose,

M. Aimé-Martin n'aurait pas été contredit non plus pour avoir avancé que Bernardin de Saint-Pierre avait été admis dans la famille Didot jeune, et que made-

« et vous devez à cette maison la justice de convenir qu'on y trouve
« mieux que le nom. Sallior même, de qui je ne vous dirai rien
« (parce qu'il est depuis long-temps pour moi comme un homme
« non avenu), Sallior vend beaucoup plus d'exemplaires de vos ou-
« vrages que les autres libraires auxquels vous en confiez, uniquement
« parce qu'il demeure dans cette même maison que vous voulez quit-
« ter. Le bon papa Didot est certainement très-obligeant, comme
« vous le dites avec justice; mais la maman, mais tous les enfans ne
« le sont pas moins; et s'il est échappé au citoyen Didot-Autran de
« dire que votre édition n'était pas finie parce que vous ne vous étiez
« adressé qu'à moi, c'est, comme vous le dites fort bien vous-même,
« une de ces mauvaises raisons que la dispute fait naître, et que vous
« auriez pu oublier avec les autres. La paix, l'union, le bonheur enfin
« d'une excellente famille à laquelle j'ai l'avantage d'être attaché
« depuis long-temps, voilà l'unique passion à laquelle je veux tout
« sacrifier. C'est ma philosophie à moi, et je vous jure que j'en trouve
« toujours les principes au fond de mon cœur.

« Vous n'y avez pas pensé, citoyen, en me proposant de vous cher-
« cher un autre imprimeur. Cette proposition m'afflige, parce qu'elle
« me montre que vous me connaissez mal, et que je n'ai pas encore
« mérité votre estime. Certain livre, dont j'aime bien la morale, m'a
« dit il y a long-temps qu'on ne servait pas deux maîtres à la fois; et
« voilà pourtant ce que vous désireriez que je fisse. Tant que vos in-
« térêts seront liés à ceux de la maison Didot, ils me seront aussi chers
« que les miens propres, et j'y veillerai avec tout le zèle et toute l'at-
« tention dont je suis capable, quand vous daignerez m'en confier
« une petite portion. Mais, dès que vous jugerez à propos de les sé-
« parer de ceux de cette maison à laquelle je suis encore plus attaché
« par les liens de l'amitié que par le salaire que j'en reçois, trouvez
« bon que je ne me mêle des vôtres en aucune manière, surtout
« quand il faudra le faire, comme dans cette circonstance-ci, au dé-
« triment de quelqu'un qui m'accorde, je crois, l'estime et la consi-
« dération que j'ai travaillé toute ma vie à mériter. Ne fût-il question

moiselle Didot l'avait agréé comme l'homme prédestiné à faire son bonheur *. Mais M. Aimé-Martin a parfaitement senti en cette occasion le besoin d'une réticence indispensable, pour que la délicatesse de son héros ne fût pas compromise. L'attachement de mademoiselle Didot pour Bernardin de Saint-Pierre, qui avait plus de deux fois son âge (il avait cinquante-sept ans, et mademoiselle Didot n'en avait pas vingt), devait être présenté comme libre, spontané, dégagé de toute suggestion provocatrice. C'est ce qu'a fait M. Aimé-Martin. S'il eût ajouté que Bernardin de Saint-Pierre n'avait pas négligé les moyens de faire naître l'illusion dont il a su profiter ; que le charme de son style épistolaire, que des attentions habilement combinées et d'un effet infaillible sur une jeune fille sans expérience avaient fixé dans le cœur de mademoiselle Didot le sentiment profond qui a décidé de son sort, M. Aimé-Martin aurait été un historien rigoureusement exact ** : mais c'est ce qu'il ne voulait pas être. Quoi qu'il en soit, et

« que d'un écu par an, je ne peux ni ne dois répondre à la confiance
« dont vous voulez m'honorer.

« Je vous prie d'embrasser pour ma femme et pour moi la citoyenne
« votre chère épouse, ainsi que votre intéressante Virginie, que
« nous aimons de tout notre cœur. Recevez l'hommage de nos res-
« pects, etc. »

* *Voyez* page 229.

** Dans une lettre adressée à madame Didot mère, long-temps avant son mariage, M. de Saint-Pierre la dispensait assez adroitement du soin de lui répondre, en insinuant que mademoiselle Didot pourrait le faire à sa place ; et cette proposition est hasardée à travers force choses aimables et flatteuses pour l'amour-propre de la jeune personne.

abstraction faite de ce que l'on pourrait dire de plus sur la conduite de Bernardin de Saint-Pierre dans cette circonstance importante, on conviendra qu'il a été justifié par les parens mêmes de mademoiselle Didot, puisqu'ils l'ont accepté pour l'époux dont leur fille attendait son bonheur.

Enfin il peut paraître étrange à la famille Didot que M. Aimé-Martin, dans l'énumération des charges de M. de Saint-Pierre, se soit permis de dire : *Il faisait une pension à madame Didot mère* *.

Il faut être exact, et le mot *pension* ne l'est pas dans le cas dont il s'agit. Pendant quelque temps, il est vrai, M. de Saint-Pierre, qui avait touché sa part de la succession de son beau-père, a avancé, sous la garantie d'un reçu, 100 fr., 200 fr., jusqu'à 400 fr. par année à la veuve Didot, dont les droits successifs n'étaient point liquidés. Cette condition du reçu était exigée si rigoureusement, que l'envoyé de madame Didot fut impitoyablement éconduit, une fois qu'il se présenta sans ce reçu qu'il avait oublié. Après quelques années, ces avances ont eu leur terme; et le total n'a pas excédé 1300 francs.

Un des fils Didot jeune, qui a la preuve matérielle de ce fait, n'a pas précisément soigné ses intérêts avec la même précaution ; mais il ne se vantera pas d'avoir rempli un devoir.

Toutes ces déviations de la vérité n'accusent peut-être que l'ignorance de leur auteur ; et la famille Didot aurait pu ne pas s'en occuper. Mais, est-il possible

* *Voyez* page 263.

qu'elle se taise, lorsque M. Aimé-Martin se permet d'écrire ce qui suit :

Extrait de l'Essai, page 23o.

« ..... il ne tarda pas à reconnaître qu'il était entré
« dans une famille divisée par la jalousie et l'intérêt.
« Tous ses efforts pour y rétablir la paix furent inutiles.
« Sans cesse il était obligé de réconcilier son beau-père
« avec la mère de sa femme et avec celui de ses fils qui
« gérait la papeterie d'Essone. Le seul fruit qu'il retira
« de tant de sollicitudes, fut de voir troubler son repos
« par les calomnies des uns et des autres. Tout ce qui,
« dans la vie habituelle, sort de la route ordinaire, est
« un objet de scandale pour certains esprits; et une
« grande supériorité, si elle n'est pas comprise, traîne
« toujours après elle la haine des âmes basses et com-
« munes. »

Réponse.

M. Aimé-Martin ignore ; disons mieux, M. Aimé-Martin feint d'ignorer que Bernardin de Saint-Pierre a vécu dans l'intimité de la famille Didot tous les jours et pendant dix ans avant son premier mariage. Comment s'est-il donc fait que, jusqu'à l'époque de ce mariage, il n'ait rien aperçu des *passions haineuses* qui divisaient cette famille ? ou, s'il s'en est aperçu, par quels motifs s'est-il déterminé à y entrer ? Comment concilier ces divisions et leur funeste influence sur son repos avec ces protestations d'estime et d'attachement prodiguées verbalement et par écrit avant et après son mariage, et dont la publicité ne pourrait être que fastidieuse ?

Mais il est une question plus grave que l'on se permettra de faire à M. Aimé-Martin dans l'intérêt des convenances et de la morale.

S'il y a eu des débats domestiques dans la famille Didot jeune, comme il le prétend, de quel droit et à quel titre les révèle-t-il au public ? Non content de cette publicité que rien ne justifie, pourquoi ose-t-il présenter ces démêlés intérieurs sous le jour le plus odieux, en leur assignant des causes avilissantes ? et comme si ce n'était pas assez de cette imputation diffamatoire, dans quel esprit de dénigrement et de haine s'efforce-t-il de l'aggraver encore par une réflexion outrageante qui, pour être généralisée en apparence, n'en est pas moins directement dirigée contre tous les membres de la famille ! Qu'a donc vu M. Aimé-Martin de juste et de moral dans cette virulence non provoquée ? Qu'y a-t-il vu d'honorable pour Bernardin de Saint-Pierre, de consolant pour ses enfans ? Eh quoi ! la mère même de la mère de ces enfans n'a pas été épargnée ! La veuve Didot vit encore : quelques ménagemens peut-être lui étaient dus ; et l'écrivain d'une conscience ordinaire aurait arrêté sa plume, dans la crainte d'attrister les derniers jours que le ciel réserve à une femme de quatre-vingts ans : mais non ; madame Didot mère, arrivée à l'âge qui commande le respect aux plus indifférens, se voit enveloppée dans une odieuse accusation avec l'objet de ses éternels regrets. Soutenue et consolée dans son ong veuvage par les souvenirs d'une union qui a fait son bonheur, elle apprend aujourd'hui de M. Aimé-Martin que l'homme qui a passé sa vie avec elle dans un rapport intime de sentimens et de pensées, dont le désintéressement, la facilité en affaires et dans toutes les relations sociales étaient généralement connus ; que cet homme n'était rien de tout cela ; qu'il avait l'âme souillée, comme elle l'avait elle-même avec le reste de sa famille, de passions viles et honteuses, fléau du repos domestique et des intérêts d'autrui : car ici l'accusation est commune ; et telle elle est présentée, telle elle sera saisie par cette classe d'hommes avides de méchancetés et de scandale, à qui l'on pourrait justement renvoyer la qualification d'*âmes basses et communes*, que M. Aimé-Martin a si étrangement et si injurieusement appliquée !

Du reste, le rôle de conciliateur qu'il prête à M. de Saint-Pierre eût été le devoir d'un bon parent et d'un honnête homme. Mais ce mérite, qu'on est toujours coupable de ne pas avoir, n'est pas celui des gendres qui s'en vantent le plus. Tous les gens de lettres ne sont pas des hommes supérieurs, dans le sens que M. Aimé-Martin attache à ce mot. « A la vue d'une belle campa-« gne, a dit quelque part M. de Saint-Pierre lui-même, « je ne demande pas à qui elle appartient. L'histoire du « maître gâte trop souvent celle du paysage. » M. Aimé-Martin aurait dû faire son profit de cette maxime. La vie des écrivains célèbres est dans leurs ouvrages ; et on doit les respecter assez pour ne pas porter un coup-d'œil trop scrutateur sur les détails de leur conduite domestique. Il en est plus d'un qui, honorés de la faveur publique, ont été dans leur vie privée exigeans, tracassiers, d'une avarice sordide jusqu'au ridicule, souvent même d'un égoïsme révoltant; mais les familles qui en ont fait la pénible expérience sauraient se taire, si des provocations injurieuses et publiques pouvaient rester sans réponse.

Extrait de l'Essai, page 230.

« Son beau-père étant mort, il eut encore à supporter
« les embarras d'un procès qui lui fut intenté par un
« des frères de sa femme, celui-là même qu'il avait si
« souvent et si inutilement réconcilié avec sa famille.
« Ce misérable, dans l'espérance de ruiner plus facile-
« ment M. de Saint-Pierre, ne cessait de lui susciter
« des tracasseries qui remplissaient sa vie de trouble et
« d'amertume. »

Réponse.

On peut ne pas s'entendre, on peut avoir des procès, et même en intenter, sans mériter la qualification de *misérable* *. Les dénominations outrageantes servent moins une cause qu'elles n'en trahissent la faiblesse. Dans tout état de choses, on ne gagne rien à avancer un mensonge, tant qu'on ne pourra pas en empêcher la réfutation.

---

* M. Léger Didot séjourna quinze années consécutives à Londres pour perfectionner et inventer des machines à fabriquer et confectionner le papier, qu'il vient de rapporter à son pays.

Pour trouver et engager des capitalistes à se réunir à lui et l'aider à monter des établissemens de papeterie en grand sur son nouveau système, il a besoin d'inspirer la plus grande confiance morale; et c'est justement là le moment que M. Aimé-Martin a choisi pour le calomnier de la manière la plus indigne et la plus atroce.

Ainsi, quand M. Aimé-Martin affirme (note de la page 230) que Bernardin de Saint-Pierre n'a pas touché la dot de sa femme, on peut lui prouver qu'il se trompe, ou plutôt qu'il veut tromper; et que, sur les 30,000 francs qui constituaient cette dot, il a été payé 27,748 fr. 50 cent.

Quand il ajoute qu'après dix ans de réclamations inutiles, M. de Saint-Pierre fut obligé de vendre à 75 pour cent de perte le papier qu'il avait reçu pour les 40,000 francs de son droit dans la succession de son beau-père, M. Aimé-Martin se trompe encore, puisqu'une portion de ce papier, jusqu'à concurrence de 16,131 francs, a été vendue au moins au pair par l'entremise d'un des beaux-frères de M. de Saint-Pierre; puisqu'une autre portion, qui doit être appréciée à sa valeur, a été employée avec avantage pour une édition de *Paul et Virginie* *.

Le surplus étant resté à la disposition de la veuve de Bernardin de Saint-Pierre, on ignore quel parti elle en a pu tirer. Mais quelque peu d'importance qu'on veuille donner au produit de ce surplus, il y a loin de la perte

---

* M. Léger Didot acheta à Bernardin de Saint-Pierre les droits successifs de sa femme, moyennant 42,000 francs, par transport passé devant le notaire de La Roche.

Cette somme fut payée tant en papiers d'impression qu'en argent. Les deux dernières quittances des 3,000 francs que M. Léger Didot restait devoir à Bernardin de Saint-Pierre sont, la première, de 480 francs, du 21 thermidor an 4; la seconde, de 2,520 francs, du 12 vendémiaire an 5.

Dans la première de ces reconnaissances, M. de Saint-Pierre reconnaît, de plus, qu'il a reçu les 30,000 francs de dot de son épouse.

effective à celle de 75 pour cent alléguée avec tant d'assurance par M. Aimé-Martin.

Extrait de l'Essai, page 231.

« On osa accuser M. de Saint-Pierre de faire le mal-
« heur de la mère de ses enfans ! L'envie croit tout, et,
« ce qu'il y a de pire, elle fait tout croire. Plus ses
« inventions sont absurdes, plus elles ont de succès.
« Celles-ci furent accueillies avec une espèce de fureur,
« et la mort même de celui qui en fut l'objet n'a pu en
« effacer les traces. Il est encore aujourd'hui des per-
« sonnes qui vous disent sérieusement que l'auteur de
« *Paul et Virginie,* le peintre des *Harmonies de la Na-*
« *ture,* fit le malheur de sa femme. Si le mépris le plus
« profond ne devait pas être notre seule réponse, il nous
« suffirait, pour fermer la bouche aux calomniateurs,
« de publier les lettres si tendres, si touchantes, que
« ces deux époux s'adressaient pendant les plus petites
« absences ; mais il faut craindre de faire un grand mal
« en voulant produire un petit bien, et ce serait un mal
« que de révéler des secrets intimes de famille, qui
« d'ailleurs ont peu d'intérêt pour le public. Les let-
« tres de ces heureux époux resteront la propriété de
« leurs enfans ; et si dans la famille de leur mère il se
« trouve un seul calomniateur, ce sera à eux de ré-
« pondre. »

Réponse.

Ah ! M. Aimé-Martin, vous êtes homme de lettres,
et c'est ainsi que la mémoire de M. de Saint-Pierre est
défendue ! Vous êtes homme de lettres, et vous ignorez

encore que le silence est un artifice oratoire, toujours obligé, quand le moindre mot, hasardé pour la justification, ne sert qu'à réveiller les souvenirs mêmes qui la rendent impossible ! Non, M. Aimé-Martin, la famille Didot jeune le déclare à regret, puisque vous l'y forcez, on n'a point calomnié M. de Saint-Pierre, on a gémi sur une victime..... Et, si vous en avez le courage, accusez-en et sa mère, et ses frères, et tous ses parens..... Vous parlez de lettres ! eh ! monsieur, la famille aussi a des lettres ! Elle en a où le fatal mot de *divorce* est prononcé !.... Ce mot que M. de Saint-Pierre lui-même n'a pu taire, qui se trouve tracé et avoué dans une lettre de sa propre main : réfléchissez à ce qu'il a de force, à ce qu'il suppose de souffrances, pour être échappé à une jeune femme qui s'était livrée avec toutes les illusions de l'amour au pouvoir d'un homme mûri par l'étude et les années ; d'une jeune femme docile et dévouée, qui, en recevant sa main, avait cru s'unir au génie de la gloire et du bonheur !...., C'en est assez, c'en est trop même sur ce sujet pénible. Ah ! que le panégyriste de Bernardin de Saint-Pierre eût bien plus respecté sa mémoire ! quel gage sincère d'intérêt et d'attachement il eût donné à ses enfans et à leur mère, s'il eût jeté un voile officieux sur ces calamités domestiques, au lieu de les révéler lui-même, en cherchant à les cacher sous d'odieuses insinuations contre la famille qui en a le plus souffert !

Extrait de l'Essai, page 252.

« Vers ce temps, M. de Saint-Pierre était parvenu

« à recueillir toutes ses économies, et, pour les sous-
« traire aux créanciers de son beau-père, dont les biens
« étaient grevés d'hypothèques, il les plaça secrètement
« chez un banquier, qui, trois mois après, fit banque-
« route. »

Réponse.

Pour les personnes qui entendent la valeur des mots,
cela signifie, ce semble, que M. Didot père est mort in-
solvable. Ici on ne peut s'empêcher de dire à M. Aimé-
Martin : Il y a dans votre allégation sottise et calomnie
tout à la fois : sottise, parce que Bernardin de Saint-
Pierre n'avait rien à craindre pour son portefeuille des
mauvaises affaires de son beau-père : calomnie, parce
que les affaires de son beau-père mettaient si peu ses
intérêts en danger, qu'il n'a pas songé, dans les débats
de la succession, à se défaire de sa maison d'Essone
pour la soustraire à des créanciers qui pouvaient l'at-
teindre bien plus facilement qu'un portefeuille ; parce
qu'à la mort du chef de la famille, un homme connu
dans la jurisprudence par ses lumières et sa probité, qui
se chargea de la liquidation de la succession Didot, a
été à portée de vérifier, et attestera au besoin que
l'actif de cette succession passait 600,000 francs, tan-
dis que le passif s'élevait au plus haut à 300,000 francs,
passif occasionné principalement par des dettes soli-
daires. *

* Le chef de la famille Didot jeune s'était solidairement engagé, à
une époque désastreuse, au paiement des dettes de plusieurs des
principaux libraires. Il a en effet payé ces dettes, et n'a pas été rem-
boursé. On n'a pas oublié les soins qu'il s'est donné et les sacrifices

Forcée de repousser une inconcevable agression, la famille Didot a du moins la satisfaction de penser que le fils et la fille de Bernardin de Saint-Pierre n'y ont pris aucune part. Ils étaient absens quand le *fameux Essai* a paru. D'ailleurs, tout jeunes qu'ils sont encore, le sentiment naturel des convenances eût soulevé leur indignation contre un procédé aussi odieux que maladroit : ils n'auraient pas compris que, pour honorer la mémoire de leur père, il fallait que la famille de leur mère fût diffamée ; et l'on devrait les plaindre, si de perfides suggestions avaient faussé leur jugement au point de les faire hésiter à reconnaître qu'un ennemi déclaré des auteurs de leurs jours n'aurait pas plus desservi leur mémoire qu'elle ne l'a été par le panégyriste.

« Il vous était permis, pourraient-ils dire à M. Aimé-
« Martin, de relever le mérite et les beautés des pro-
« ductions littéraires de Bernardin de Saint-Pierre ; vos
« éloges eussent-ils été exagérés, nous en aurions été
« reconnaissans ; votre admiration eût-elle été partiale,
« nous l'aurions partagée avec plaisir. Mais le public ne
« vous avait pas demandé compte de la vie privée de l'é-
« crivain ; et si vous avez cru qu'elle pouvait l'intéresser,
« vous deviez du moins la présenter dégagée de toute
« observation capable de blesser des tiers, à plus forte

qu'il n'a pas hésité de faire pour les progrès de l'imprimerie, qui l'avaient fait nommer imprimeur de *Monsieur*, aujourd'hui Louis xviii. Son frère, François-Ambroise Didot l'aîné, et lui, ont puissamment contribué au perfectionnement de cet art utile. La librairie et la papeterie lui ont aussi de grandes obligations. Bon père, bon époux, ami sûr, et de la plus scrupuleuse probité en affaires, voilà l'homme que M. Aimé-Martin voudrait déshonorer.

« raison d'imputations mensongères et offensantes con-
« tre les plus proches parens qui nous restent. C'est
« vous que nous devons accuser des récriminations que
« ces imputations appellent. Ceux que vous prétendez
« défendre, comme ceux que vous attaquez, ont éga-
« lement à se plaindre ; car de ces contestations do-
« mestiques, dont le public ne s'occupe que pour exercer
« sa malignité sur le conflit des faiblesses humaines, il
« ne peut rester qu'une impression fâcheuse et pour la
« mémoire des morts, et pour la tranquillité des parens
« qui leur survivent. »

Après cela, que M. Aimé-Martin s'empare du *non
omnis moriar**, qu'il se complaise dans le pressentiment
de sa gloire future, la postérité pourra ignorer cette
illusion de l'amour-propre, et ses contemporains ne lui
en feront pas un crime ; mais la calomnie est sans attrait
pour la postérité ; et ceux qu'elle a blessés ont pour
auxiliaires l'opinion et les tribunaux. C'est devant eux
que M. Aimé-Martin est sommé de répondre.

Il est une réflexion affligeante que l'on ne peut s'empêcher de faire en terminant cette réponse provisoire
aux diatribes de l'auteur de l'Essai. M. Aimé-Martin
n'a connu de M. de Saint-Pierre que les années de sa
vieillesse : aucune des circonstances importantes de sa
vie n'a pu lui être révélée que par sa veuve ; et c'est sa
veuve qui adopte et dédie au Roi l'ouvrage souillé des
diffamations dont se plaint la famille Didot ! Ainsi la
veuve de Saint-Pierre, qui a pris la place de mademoiselle Didot pour devenir la protectrice et la se-

* *Voyez* page 271.

conde mère de ses enfans, n'a pas craint d'autoriser de son nom, disons mieux, n'a pas craint de s'approprier les calomnies dirigées contre leurs plus proches parens, contre la mère de leur mère encore vivante, et dont ces calomnies brisent le cœur ; contre leurs oncles, dont l'un a été leur tuteur, et dont les autres devaient être également respectés par égard pour les devoirs de famille ! Ce qu'elle devait à la mémoire de son époux, ce qu'elle se devait à elle-même, ne l'a pas arrêtée ! Ah ! de quelque manière que soit envisagée cette étrange conduite, il est difficile d'y reconnaître la veuve de Bernardin de Saint-Pierre, et la protectrice fidèle de l'honneur et des vrais intérêts de ses enfans.